Glück

Will das Glück nach seinem Sinn,
Dir was Gutes schenken,
Sage Dank und nimm es hin
Ohne viel Bedenken.

Jede Gabe sei begrüßt,
Doch vor allen Dingen:
Das worum du dich bemühst,
Möge dir gelingen.

Wilhelm Busch

… glaub es mir, die Meise ist ein nettes Tier

Heitere Verse

benno

Die Meise

Auguste, wie fast jede Nichte,
Weiß wenig von Naturgeschichte.
Zu bilden sie in diesem Fache
ist für den Onkel Ehrensache.

Auguste,
sprach er, glaub es mir,
Die Meise
ist ein nettes Tier.

Gar zierlich
ist ihr Leibesbau,
Auch ist sie schwarz, weiß,
gelb und blau.

Hell flötet sie
und klettert munter
Am Strauch kopfüber
und kopfunter.

Das härt'ste Korn
verschmäht sie nicht,
Sie hämmert,
bis die Schale bricht.

Mohnköpfen bohrt sie mit Verstand
Ein Löchlein in den Unterrand,
Weil dann die Sämerei gelind
Von selbst in ihren Schnabel rinnt.

Nicht immer
liebt man Fastenspeisen,
Der Grundsatz
gilt auch für die Meisen.

Sie gucken scharf in alle Ritzen,
Wo fette Käferlarven sitzen,
Und fangen sonst noch Myriaden
Insekten, die dem Menschen schaden,
Und hieran siehst du außerdem,
Wie weise das Natursystem. –
So zeigt er, wie die Sache lag.

Es war kurz vor Martinitag.
Wer dann vernünftig ist und kann's
Sich leisten, kauft sich eine Gans.

Auch an des Onkels Außengiebel,
Hing eine solche, die nicht übel,
Um, nackt im Freien aufgehangen,
Die rechte Reife zu erlangen.
Auf diesen Braten freute sich
Der Onkel sehr und namentlich
Vor allem auf die braune Haut,
Obgleich er sie nur schwer verdaut.

Martini kam, doch kein Arom
Von Braten spürt der gute Ohm.
Stattdessen trat voll Ungestüm
Die Nichte ein und zeigte ihm
Die Gans, die kaum noch Gans zu nennen.
Ein Scheusal, nicht zum Wiederkennen,
Zernagt beinah bis auf die Knochen.
Kein Zweifel war, wer dies verbrochen,
Denn deutlich lehrt der Augenschein,
Es konnten nur die Meisen sein.
Also ade! du braune Kruste.

Ja, lieber Onkel, sprach Auguste,
Die gern, nach weiblicher Manier,
Bei einem Irrtum ihn ertappt:
Die Meise ist ein nettes Tier.
Da hast du wieder recht gehabt.

Wilhelm Busch (1832–1908)

Dichter, Zeichner, Maler

1832

Am 15. April wird Wilhelm Busch in Wiedensahl (Schaumburger Land) geboren.

1841–1847

Busch lebt bei seinem Onkel, dem Pastor Georg Kleine, und erhält von ihm Privatunterricht.

1847–1851

Maschinenbaustudium an der Polytechnischen Schule in Hannover.

1851–1859

Studium der Malerei an der Kunstakademie in Düsseldorf und Antwerpen. Mitautor des Künstlervereins „Jung München".

Ab 1859

Veröffentlichung von satirischen Zeichnungen und 50 Münchner Bilderbögen in den „Fliegenden Blättern" von Caspar Braun.

1864

Das Kinderbuch „Bilderpossen" erscheint als Buschs erste selbstständige Veröffentlichung.

1865

Die Bildergeschichte „Max und Moritz" (Verlag Braun und Schneider) stellt den Durchbruch für Buschs künstlerisches Schaffen dar und liegt heute in rund 200 Übersetzungen vor.

1867

Busch zieht nach Frankfurt am Main und macht die Bekanntschaft des Philosophen Arthur Schopenhauer.

Ab 1870

Erscheinen der Bilderbücher „Die fromme Helene“ (1872), „Hans Huckebein der Unglücksrabe“ (1870), und „Fipps der Affe“ (1879). Zu dieser Zeit entstehen auch etwa 100 Gemälde, die erst nach seinem Tod bekannt werden.

Ab 1872

Busch lebt bei seiner Schwester Jenny im Wiedensahler Pfarrhaus.

1874

Veröffentlichung des Gedichtbandes „Kritik des Herzens“.

Jetzt aber naht sich das Malör,
Denn dies Getränke ist Likör.

1884

Mit „Maler Klecksel“ erscheint die letzte Bildergeschichte Wilhelm Buschs.

1893

Busch schreibt seine Autobiographie „Von mir über mich“.

1908

Wilhelm Busch verstirbt am 9. Januar in Mechtshausen am Harz.

Bibliografische Information der Deutschen Nationalbibliothek
Die Deutsche Nationalbibliothek verzeichnet diese Publikation in der Deutschen Nationalbibliografie; detaillierte bibliografische Daten sind im Internet über http://dnb.d-nb.de abrufbar.

Bildnachweis:
Covermotiv, S. 17: © stock.adobe.com/Catherine; S. 2/3, 9, 31: © stock.adobe.com/Anitapol; S. 4: © stock.adobe.com/bilberryday; S. 7: © stock.adobe.com/TaninoPic; S. 11: © stock.adobe.com/Mr. Bolota; S. 13: © stock.adobe.com/Catherine & © stock.adobe.com/Yana & © stock.adobe.com/Nata Corpusova; S. 15: © stock.adobe.com/ola_pisarenko; S. 19: © stock.adobe.com/Valeria & © stock.adobe.com/Elena; S. 21: © stock.adobe.com/ovaleeva; S. 23, 25: © stock.adobe.com/Natali Mias; S. 27: © stock.adobe.com/joluga

Alle übrigen Illustrationen: Wilhelm Busch

Besuchen Sie uns im Internet:
www.st-benno.de

ISBN 978-3-7462-6437-0

Zusammenstellung: Volker Bauch, Gößnitz
Umschlaggestaltung: Rungwerth Design, Düsseldorf
Gesamtherstellung: Arnold & Domnick, Leipzig (A)